Philippe Blanchet / Kkrist Mirror

Le cœur des gorilles

Pour Anne-Marie,
à l'origine de ce conte moderne.

Les 400 coups

Mrithi est un jeune gorille. Il est né il y a quelques années dans une vaste région qui s'appelle Les Mille Collines, en Afrique.

Comme tous les jeunes gorilles, il vit au sein d'une harde commandée par son père, un singe très grand et très fort, dont le pelage devient argenté avec le temps.

Mrithi mène une vie paisible. Il joue avec les gorilles de son âge, toujours au centre de la harde, et se roule volontiers dans les feuillages.

Mrithi est trop vieux maintenant pour téter sa mère. Il se nourrit de fruits qu'elle lui donne. Mais sa maman accepte encore qu'il vienne se pelotonner contre elle à l'heure de la sieste. Mrithi sait que bientôt sa mère lui dira qu'il est trop grand pour cela.

Mais pour le moment, il aime somnoler, la tête posée sur la poitrine de sa maman, bercé par les battements profonds et réguliers de son cœur.

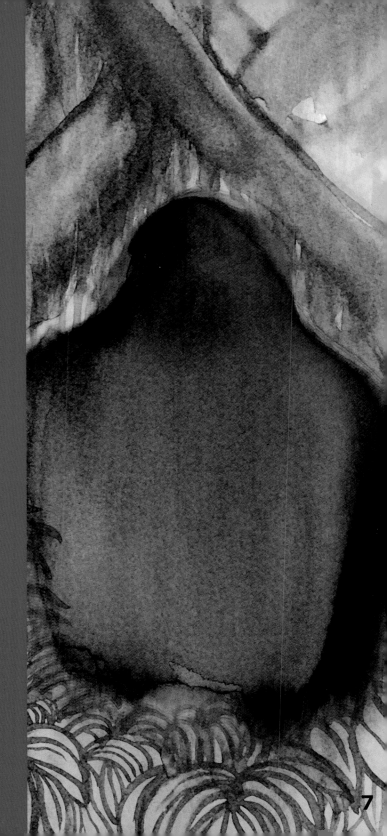

Les gorilles se déplacent beaucoup

et cherchent les clairières
où les bananiers sauvages
leur donnent de bons fruits mûrs.
Chaque soir,
les grands singes s'arrêtent
dans un endroit choisi par
le chef. Et chaque soir, avant
de s'endormir sur des brassées
de branchages, les mères
rappellent les mêmes conseils
à leurs petits :
« Un jour, vous sentirez une odeur
forte et vous entendrez des bruits
inconnus. N'allez pas voir !
Criez pour donner l'alerte.
Fuyez, courez, et ne vous arrêtez
pas ! C'est l'homme qui veut
nous détruire. »

« Pourquoi veulent-ils nous détruire ?

demande un matin Mrithi, qui devient grand.

– On ne sait pas, répond sa mère. Ils nous tuent avec leurs bâtons de mort et emportent nos enfants. Les hommes sont convaincus que nous ne connaissons pas la souffrance. Ils pensent que nous n'avons pas de cœur. »

Mrithi se dit que les hommes se trompent. Il sait que les gorilles ont un cœur puisqu'il entend celui de sa mère quand il se blottit contre sa poitrine.

Un jour, alors que la harde

se déplace à la recherche de nourriture,
le chef des gorilles se fige soudain.
Les femelles s'arrêtent aussitôt,
elles aussi, et regardent le grand gorille.
Les jeunes singes perçoivent l'inquiétude
des adultes et leurs mains se crispent dans
la fourrure de leurs mères. Tout d'un coup,
le chef lance le cri d'alerte et une odeur
abominable parvient aux narines de Mrithi.
« Courez, ne vous arrêtez pas, crie
le grand gorille. Fuyez, c'est l'homme
qui veut nous détruire ! »
Mrithi a très peur. Son cœur bat très fort.
Il entend non loin de là des cris
épouvantables, des bruits qu'il
ne connaît pas, mais qui expriment
la peur et la souffrance.

Très vite, la harde dévale le versant de la colline.
Les bruits se font plus lointains. Mrithi voudrait
fuir encore plus loin. Mais son père s'arrête de courir.
Essoufflé et épuisé, il dit à sa famille :
« Arrêtons-nous. Ce n'est pas nous qu'ils chassent aujourd'hui.
Les hommes se chassent entre eux. C'est la guerre.
– Qu'est-ce que c'est, la guerre ? demande Mrithi.
– Je ne sais pas très bien, lui répond son père. De temps
en temps les hommes se battent, se font souffrir,
mais je ne sais pas pourquoi. »

Mrithi s'écarte du groupe, songeur. Il réfléchit
à ce que le grand gorille a dit. Il a vu une fois son père se dresser,
immense, et se frapper la poitrine de ses deux poings.
C'était un jour où un jeune gorille adulte s'était approché de la
harde. Mais le reste du temps, les gorilles ne se menacent pas.
Les hardes restent juste à distance les unes des autres pour
ne pas se déranger. Lassé de réfléchir, Mrithi se couche sur le dos
en mâchonnant une feuille de bananier humide. Le danger est
passé. Le calme est revenu.

Brusquement, Mrithi se redresse, le cœur battant. Il a senti l'odeur. Il se tourne, prêt à donner l'alerte. Mais cette fois, l'odeur est un peu différente. Soudain, il entend un cri qui ressemble à celui du bébé de Runga, une des femelles de la harde. Mrithi se dandine, ne sachant que faire. Puis, désobéissant à la loi des gorilles, il écarte les branchages. Accroupi dans l'herbe, les poings serrés sur les yeux, un enfant pleure.

La mère de Mrithi a vu le jeune singe s'éloigner.

Lorsqu'elle le rejoint pour le replacer au centre de la harde,

elle sursaute en découvrant à son tour l'enfant.

« Viens, Mrithi. C'est une petite fille de l'homme. Laissons-la.

Elle a peur. Les hommes la chercheront et la trouveront.

– Quels hommes ? » demande Mrithi, qui pense à ce que son père

appelle la guerre. Maman hoche la tête.

« Nous ne pouvons rien pour la petite de l'homme. Viens.

– Elle pleure comme le bébé de Runga, insiste Mrithi.

– Viens, Mrithi. Les affaires des hommes ne nous concernent pas. »

La mère de Mrithi ne sait pas quoi faire. Un jeune gorille ne peut survivre seul, une nuit entière, dans la forêt.

Une petite de l'homme encore moins !

À ce moment précis, la fillette tourne les yeux vers les gorilles.

Et la mère de Mrithi est encore plus embarrassée. Comme elle a vu une femme de l'homme le faire, un jour, du haut de la colline, elle tend une main à la petite fille.

Mrithi, sa maman et la petite fille rejoignent
tous les trois le groupe des gorilles. Aussitôt, les singes
se mettent à crier en trépignant puis sautent dans
les massifs les plus touffus pour s'y réfugier. Déroutés,
ils regardent Mrithi, son père et sa mère, qui ne semblent
pas vouloir détaler. Alors la petite fille s'accroupit
de nouveau et cache ses yeux.

« **La petite de l'homme ne peut rester seule dans la forêt,** dit le grand gorille. Mais elle ne peut pas rester non plus au milieu de nous. Les fruits que nous mangeons et l'eau que nous buvons la rendraient malade.

Il faut la rendre aux siens.

— Ils vont nous tuer, ils vont nous tuer, gémissent les femelles. Partons, laissons-la ! Mettons à l'abri nos petits. »

Alors, Runga s'approche et dit :

« De l'autre côté de la colline, il y a une caverne des hommes avec un grand signe couleur de sang. »

Dans l'air, elle dessine maladroitement une sorte de croix puis continue :

« Avant d'y entrer, les hommes posent leur bâton de mort. C'est le seul endroit où nous pouvons la laisser. Arrivés près de la caverne des hommes, nous resterons cachés dans la forêt et la petite de l'homme marchera seule jusqu'aux siens. »

Tous les gorilles ont l'air d'accord avec cette proposition. Les femelles calent leur petit sur leur dos et la harde se met en marche. La petite de l'homme a du mal à suivre les singes. Le chemin est long. Enfin la harde arrive à la lisière de la forêt. La mère de Mrithi pousse la petite fille dans un champ où se dresse un bâtiment marqué d'une grande croix rouge. Devant le bâtiment stationnent de gros 4X4. Quelques hommes sont assis à l'ombre des véhicules. Ils se redressent pour regarder une petite fille sortir toute seule de la forêt.

Au bout de quelques mètres, elle se retourne mais ne voit déjà plus les gorilles cachés dans les branchages.

Brusquement un homme se lève et court vers la petite fille.

Il l'attrape dans ses bras. Il rit. Il pleure.

Mrithi s'inquiète. L'homme semble lui faire du mal ! Mais son père le rassure :

« Non je crois que l'homme la serre contre son cœur.

Viens, repartons dans la forêt... »

Alors Mrithi se place juste derrière

son père, comme doit le faire un jeune gorille, et la harde
retourne dans son domaine. Mrithi est content.
Il n'a pas très bien compris ce qu'est la guerre,
mais il sait, maintenant, que les hommes, comme les gorilles,
ont un cœur.

Gorilles en danger

Il existe deux sous-espèces de gorilles en Afrique. Les gorilles des montagnes et les gorilles des plaines. Les gorilles des montagnes comme Mrithi vivent dans la jungle des montagnes du Rwanda, à la frontière du Zaïre et de l'Ouganda.

Les gorilles vivent en groupe (une harde) constitué d'un mâle dominant (le chef, qui peut atteindre 2 mètres de haut et peser 250 kilos), d'un ou deux autres mâles, de plusieurs femelles et de leurs enfants. Chaque femelle peut avoir 5 ou 6 bébés dans sa vie. Il faut environ 6 à 8 ans pour qu'une famille élève un jeune gorille. Les gorilles sont des animaux pacifiques et ne deviennent agressifs que lorsqu'ils se sentent menacés.

Pendant la journée, les gorilles se déplacent dans la forêt à la recherche de leur nourriture. Ils mangent des fruits, des écorces, des pousses d'arbres, des fougères et des cœurs de bambous (30 kilos par jour pour un gorille adulte !). Quand le soleil tombe, tous les gorilles, même les petits, se confectionnent une sorte de nid avec des branches et des feuilles pour y dormir durant la nuit.

Les gorilles des montagnes sont de plus en plus menacés par l'homme. L'exploitation des forêts réduit le territoire des gorilles et rend des zones jusque-là impénétrables facile d'accès aux chasseurs. Les braconniers tuent les grands singes pour vendre leur viande. Mais les touristes sont aussi un danger pour les gorilles : en venant les observer, ils transmettent sans le savoir des maladies humaines aux singes qui peuvent être mortelles.

Les gorilles des montagnes sont de moins en moins nombreux et il est difficile de les protéger. D'autant que dans certaines régions, comme on le voit dans l'histoire de Mrithi, les hommes se font la guerre au cœur des forêts où vivent les singes. Malgré tout cela, de plus en plus de monde tente de faire quelque chose pour que les derniers gorilles des montagnes ne disparaissent pas. Il faut faire vite : en 2005, il en restait moins de 700 !

Afrique

Rwanda